SCHIRMER'S LIBRARY
OF MUSICAL CLASSICS

Vol. 1723

TWENTY-FOUR
ITALIAN SONGS
AND ARIAS

of the

Seventeenth and
Eighteenth Centuries

For Medium Low Voice

$3.50

SCHIRMER'S LIBRARY
OF MUSICAL CLASSICS

TWENTY-FOUR ITALIAN SONGS AND ARIAS

of the

Seventeenth and Eighteenth Centuries

FOR MEDIUM HIGH VOICE
Library Vol. 1722

FOR MEDIUM LOW VOICE
Library Vol. 1723

G. SCHIRMER   *New York / London*

Copyright, 1894, by G. Schirmer, Inc.
Copyright Renewal Assigned, 1926, to G. Schirmer, Inc.
Copyright, 1948, by G. Schirmer, Inc.
International Copyright Secured
Printed in the U. S. A.

CONTENTS

Per la gloria d'adorarvi
For the love my heart doth prize
from the opera "Griselda"

English version by
Dr. Theodore Baker

Giovanni Battista Bononcini
(1672–1750)

glo - ria d'a - do - rar - vi vo-glio a - - mar-vi, o lu -
love my heart doth prize, O charm - ful eyes, I would

ci ca - re. A - man-do pe - ne - rò, ma sem-pre v'a-me-
a - dore ye. For me, my love is pain, I know 'tis all in

rò, sì, sì, nel mio pe-na - re:
vain, vain, vain, Yet kneel be - fore ye:

A - man-do pe - ne - rò, ma sem-pre v'a-me - rò, sì,
For me, my love is pain, I know 'tis all in vain, vain,

sì,___ nel mio___ pe - na - re, pe - ne - rò, v'a - me - rò,
vain,___ yet kneel___ be - fore ye. Love is pain, all in vain

lu - ci ca - re, pe - ne - rò, v'a - me - rò, lu - ci ca -
I im - plore ye, love is pain, all in vain I im - plore

re.
ye.

ff deciso

Sen - za spe - me di di -
Hope - less 'tis___ to look___ for

let - to va-no af - fet-to è__ so - spi - ra - re, sen - za
kind - ness, Fool - ish fond-ness with sighs t'im-plore ye, Hope - less

spe - me di__ di - let - to va - no af - fet-to è__ so -
'tis __ to look__ for kind - ness, Fool - - ish fond-ness with sighs

spi - ra - re, ma i vo-stri dol-ci ra - i chi va-gheggiar può
t'im-plore ye; But who-e'er might woo your gaze, Bask in your sun-ny

mai__ e non, e non va-ma - re?
rays,__ and not,__ and not__ a-dore ye?

ma i vo-stri dol-ci ra-i chi va-gheggiar può mai e
But who-e'er might woo your gaze, Bask in your sun-ny rays, and

non, e non v'a-ma re? pe-ne-rò, v'a-me-rò, lu-ci ca-
not, and not a-dore ye? Love is pain, all in vain I im-plore

re, pe-ne-rò, v'a-me-rò, lu-ci ca re!
ye, love is pain, all in vain I im-plore ye.

Amarilli, mia bella

Amarilli, my fair one

Madrigal

English version by
Dr. Theodore Baker

Giulio Caccini
(1546-1618)

mor t'as-sa - le,   du - bi-tar non ti va - le.
fear as-sail   thee,   It can nev - er a - vail   thee.

dolce

A pri-mi il pet - to   to e ve-drai scrit-to in co - re: A-ma-
Ope   thou my bo - som, and see thy fears re-prov - ed;   On my

f   p   smorz.   dolce

ril - li,   A-ma ril - li,   A-ma
heart 'tis   writ,   On my heart 'tis   writ: "A-ma-

cresc.   più cresc.

pp   cresc.   più cresc.

poco rit.   a tempo   mf

ril - li è il mio a-mo - re.   Cre - di-lo pur: e se ti
ril - li, my be-lov - ed!"   Do   but be-lieve,   for should e'er

a tempo
f   poco rit.   p dolce

mor t'as-sa - le,   du - bi-tar non ti va - le.   A - pri-mi_il
fear as-sail   thee,   It can nev-er a - vail thee.   Ope   thou my

dolce

f

p smorz.   *pp*

pet - to e vo-drai scrit-to_in co - re: A - ma - ril - li,   A - ma -
bo - som, and see thy fears re-prov - ed;   On my heart 'tis_ writ,   On my

p   *pp*   *dolciss.*   *cresc.*

cresc.   *più cresc.*   *rit.* - - - - - *ppp*

ril - - li,   A - ma - ril - li e_il mio a - mo - re;   A - ma -
heart 'tis_ writ: "A - ma - ril - li, my be - lov - ed;   A - ma -

f   *rit.* - - - *ppp dolciss.*

rit.

ril - - li_____ e_il mio a - mo - - - re."
ril - - li,_____ my be - lov - - - ed!"

assai legato   *colla voce*

Alma del core
Fairest adored

English version by
Everett Helm

Antonio Caldara
(1670-1736)

41573

baciar potrò, se quel bel labbro, se quel bel labbro
once more to kiss, thy lips adored, thy lips adored

pp — p —

baciar potrò.
once more to kiss.

Alma del core,
Fairest adored,

spirto dell' alma, sempre costante t'adorerò,
Spirit of beauty! Thy faithful lover I'll ever be,

t'adorerò, t'a — dorerò,
I'll ever be, I'll ever be,

t'adore—
I'll ever—

Come raggio di sol
As on the swelling wave
Aria

English version by
Dr. Theodore Baker

Antonio Caldara
(1670-1736)

41573

18

tranquillo·

ri - so ta - lor ga - ie pa - ca - to di con - ten - to, di
man - y that wear a mien con - tent - ed, Man-y a vis - age where-

gio-ia un lab-bro in - fio - ra, men - tre nel suo se - gre - to il cor pia -
on a smile e'er hov - ers, While, deep with-in, the bo - som a heart tor -

ga - to s'an-go-scia e si mar-to -
ment - ed In se - cret an-guish cov -

ra.
ers.

Sebben, crudele
Tho' not deserving
Canzonetta

English version by
Dr. Theodore Baker

Antonio Caldara
(1670-1736)

Seb-ben, cru - de - le, mi fai_ lan - guir,_ sem-pre fe -
Tho' not de - serv - ing Thy cru - el scorn,_ Ev - er un -

de - le, sem-pre fe - de - le ti vo-glio a - mar.
swerv - ing, ev - er un - swerv-ing Thee on - ly I_ love.

Seb - ben, cru - de - le,
Tho' not de - serv - ing

41573

mi fai lan - guir,___ sem - pre fe - de - le ti vo - glio a-
Thy cru - el scorn, Ev - er un - swerv-ing Thee on - ly I

mar. Seb - ben, cru - de - le, mi fai lan - guir,___
love. Tho' not de - serv - ing Thy cru - el scorn,___

sem - pre fe - de - le ti_ vo - glio a - mar. Con la lun-
Ev - er un - swerv-ing Thee on - ly I love. When to thee

ghez - za del mio ser - vir la tua fie - rez - za,
kneel - ing All I_ have borne, Thy pride un - feel - ing,

la tua fie - rez - za sa - prò stan - car. la tua fie -
Thy pride un - feel - ing I__ then shall move, Thy pride un -

rit. a tempo

rez - za sa - prò stan - car.
feel - ing I__ then shall move.

Seb - ben, cru - de - le, mi fai lan - guir,__
Tho' not de - serv - ing Thy cru - el scorn,__

sem - pre fe - de - le, sem - pre fe - de - le ti vo - glio a -
Ev - er un - swerv - ing, ev - er un - swerv - ing Thee on - ly I__

mar.
love.

Seb - ben, cru -
Tho' not de -

de — le, mi fai lan - guir,____ sem - pre fe - de - le ti
serv — ing Thy cru - el scorn,____ Ev - er un - swerv - ing Thee

vo - glio a - mar, seb - ben, cru - de - le, mi fai lan -
on - ly I love; Tho' not de - serv - ing Thy cru - el

guir,____ sem - pre fe - de - le ti vo - glio a - mar.____
scorn,____ Ev - er un - swerv - ing Thee on - ly I love.____

Vittoria, mio core!
Victorious my heart is!
Cantata

English version by
H. Millard

Giacomo Carissimi
(1605-1674)

Vit - to - ria! Vit - to - ria! Vit - to - ria! Vit - to - ria, mio
Vic - to - rious, Vic - to - rious, Vic - to - rious, Vic - to - rious my

co - - re! Non la - gri - mar più, Non la - gri - mar
heart__ is! And tears are in vain, And tears are in

più, È sciol - ta d'A - mo - re La vil ser - vi - tù; Vit - to - ria! Vit -
vain, For love now has bro - ken its shack - les in twain, Vic - to - rious, Vic -

to - ria, mio co - - re! Non la - gri - mar più, È
to - rious my heart__ is! And tears are in vain, For

sciol-ta_ d'A - mo - re_ La_ vil ser - vi - tù, È sciol - - -
love now has bro-ken its_ shack-les in twain, For love

- - - - ta d'A - mo - re La ser - vi - tù.
now has bro-ken its shack-les in twain.

meno mosso e dolce assai

Già l'em-pia a' tuoi dan - ni, Fra stuo-lo di sguar-di, Con vez - zi bu -
The false one is van-quish'd, her glanc-es a - muse me, De - cep-tion no

giar - di Di - spo - se_ gl'in - gan - - ni; Le fro - de, gli af - fan - ni Non
long - er with arts can con - fuse_ me! No false-hood or sor - row op -

- ta d'A - mo - re La ser - vi - tù!
now has bro-ken its shack-les in twain!

meno mosso e dolce assai

Da lu - ci ri - den - ti Non e - sce più stra - le, Che
Her smile once en - tranc-ing no darts is re - veal-ing, The

pia - ga mor - ta - le Nel pet - to m'av - ven - ti: Nel duol, ne' tor -
wounds in my bo-som with time are all heal - ing; All sor-row and

men - ti Io più non mi sfac - cio È rot-to o-gni lac-cio, Spa -
tor-ment no long-er I'm fear - ing, Now bro-ken each tie is, all

ri - to il ti - mo - - re! Vit - to - ria! Vit - to - ria! Vit - to - ria! Vit -
fears dis - ap - pear - - ing! Vic - to - rious, Vic - to - rious, Vic - to - rious, Vic -

to - ria, mio co - - re! Non la - gri - mar più, Non la - gri - mar
to - rious my heart is! And tears are in vain, And tears are in

più, È sciol - ta d'A - mo - re La vil ser - vi - tù, È sciol - -
vain, For love now has bro - ken its shack - les in twain, For love

- - ta d'A - mo - re La ser - vi - tù!
now has bro - ken its shack - les in twain!

Danza, danza, fanciulla gentile

Dance, O dance, maiden gay

Arietta

English version by
Dr. Theodore Baker

Francesco Durante
(1684-1755)

Dan - za,__ dan - za, fan - ciul - la,__ al__ mi - o can - tar, dan - za,__
Dance, O__ dance, maid - en gay, to__ the__ song that I sing; dance, O__

dan - za,__ fan - ciul - la gen - ti - le, al mi - o can - tar.
dance, maid - en__ gay, to__ the__ song, to the song that I sing.

Gi - ra leg - ge - ra, sot - ti - le al snuo - no, al suo - no del - l'on - de - del mar. Sen - ti il va - go ru - mo - re del l'au - ra scher - zo - sa che par - la al

Light - ly and air - i - ly fly While bound - ing, re - sound - ing, the bil - lows out - ring! Dost thou hear the low voic - es of breez - es soft blend - ing Ap - peal to thy

zar. Dan - za,__ dan - za, fan - ciul - la_ gen - ti - le, fan -
on!" Dance, O__ dance, maid - en gay, To__ the__ song that I

ciul - la_ gen - ti - le, al mi - o__ can - ta - re, al
sing, Dance, O__ dance, maid - en gay, to the__ song, to the

mi - o can - tar, dan - za, dan - za, al mi - o____ can -
song that I sing, Dance, O dance, to__ the__ song that__ I

tar.
sing!

Vergin, tutto amor
Virgin, fount of love
Preghiera
Prayer

English version by
Dr. Theodore Baker

Francesco Durante
(1684-1755)

tor,_____ del_____ pec - ca - tor.
cry,_____ to a sin - ner's cry.

Il pian - to suo ti muo - va, giun-ga non te_____ i suoi la -
Let kind com-pas - sion move thee, In mer - cy hear_ her sad la -

men - ti, suo duol, suoi tri-sti ac - cen - ti, sen-ti pie - to - so quel_ tuo
ment - ing, Her mourn-ful moan_ as - cend - ing Un-to thy throne of grace_ on

cor,_ pie - to - - so, pie - to - - so, pie - to - - so quel_ tuo
high, thy throne_____ of_ grace_____ on_ high,_____ un - to_ thy

cor,   quel   tuo   cor.   O ma - dre di bon-
throne   on   high.   O Moth - er, thou of

ta - de, Ver - gin, tut - to a - mor,   o ma - dre di bon-
mer - cy, Vir - gin, fount of   love,   O Moth - er, thou of

ta - de, o Ver - gin, tut - to a - more, Ver - gin, tut - to a - mor,
mer - cy, O Vir - gin, fount of love, O Vir - gin, fount of love,

a - mor.
of love.

Caro mio ben
Thou, all my bliss
Arietta

English version by
Dr. Theodore Baker

Giuseppe Giordani (Giordanello)
(1744-1798)

Ca - ro mio ben, cre - di - mi al - men, sen - za di te lan - gui - sce il
Thou, all my bliss, Be - lieve but this: When thou art far My heart is

cor,___ ca - ro mio ben, sen - za di te lan - gui - sce il
lorn.___ Thou, all my bliss, When thou art far My___ heart___ is

ben,   cre - di - mi al-men,   sen - za di te__ lan - gui - sce il
bliss,   Be - lieve but this: When thou art far__ My__ heart__ is

cor,   ca - ro mio ben,   cre - di - mi al-men,   sen - za di
lorn,   Thou, all my bliss,   Be - lieve but this,   When thou art

te__   lan - gui - sce il cor.
far__   My heart   is lorn.

O del mio dolce ardor
O thou belov'd
Aria

English version by
Dr. Theodore Baker

Christoph Willibald von Gluck
(1714-1787)

L'au - ra che tu re - spi - ri,
At length the air thou breath - est

al - fin re - spi - ro,
my soul in - spir - eth,

al - fin re - spi -
my soul in - spir -

O del mio dol - ce_ar - dor_____ bra -
O thou be - lov'd, whom long_____ my

ma - - to_og-get - - to, bra - ma - - to_og-
heart de - sir - - eth, my heart de -

get - - to, L'au - ra che tu re -
sir - - eth, At length the air thou

spi - - ri, al - fin re -
breath - - est my soul in -

spi - - ro, al -
spir - - eth, my

fin,__ al - fin__ re - spi - - ro.
soul,__ my soul in - spir - - eth.

Che fiero costume

How void of compassion
Arietta

English version by
Dr. Theodore Baker

Giovanni Legrenzi
(1626-1690)

E pur nell' ar-do-re il dio tra-di-to-re un
And yet in my ar-dor I fol-low the hard-er The

va - go sem-bian-te mi feï-do-la-trar,_____ un va-go sem-bian-te mi
vi-sion e-lu-sive he shad-ows be-fore,_____ The vi-sion e-lu-sive he

feï-do-la-trar. Che fie-ro co-stu-me d'a-li-ge-ro nu-me, che a
shad-ows be-fore. How void of com-pas-sion Is Cu-pid his fash-ion, Who

for - za di pe - ne si fac-cia_a - do-rar, si fac-cia_a - do-rar!_____ che_a
drives me by tor-ment him-self to a-dore, him-self to a-dore!_____ Who

for - za di pe - ne si fac-cia_a - do-rar!
drives me by tor-ment him-self to a-dore!

Che cru-do de - sti - no che nn cie-co bam-bi - no con
O Des-ti - ny sense-less! A boy so de-fence-less, Scarce

boc - ca di lat - te si fac-cia sti-mar, si fac-cia sti-mar,____ con
wean'd, yet can make us his fa - vor im-plore, his fa - vor im-plore,____ Scarce

boc - ca di lat - te si fac-cia sti-mar!____
wean'd, yet can make us his fa - vor im-plore!____

Ma que-sto ti - ran-no con bar - ba-ro in-gan-no, en-
A ty-ran-nous men-tor, Our eyes he doth en-ter With

48

tran-do per gli oc-chi, mi fe' so-spi-rar, en-tran-do per gli oc-chi mi
bar-bar-ous wiles till we sigh and give o'er,____ With bar-bar-ous wiles till we

fe' so-spi-rar. Che cru-do de-sti-no che un cie-co bam-bi-no con
sigh and give o'er. O Des-ti-ny senseless! A boy so de-fence-less, Scarce

boc-ca di lat-te si fac-cia sti-mar, si fac-cia sti-mar!____ con
wean'd, yet can make us his fa-vor im-plore, his fa-vor im-plore! Scarce

boc-ca di lat-te si fac-cia sti-mar!
wean'd, yet can make us his fa-vor im-plore!

Pur dicesti, o bocca bella

Mouth so charmful

Arietta

English version by
Dr. Theodore Baker

Antonio Lotti
(1667-1740)

sì,   che fa_ tut - to il mio pia - cer,   il
so,   That in_ thee_ all_ bliss is   mine,   all

mio pia - cer.   ce - sti,
bliss is_ mine.   charm-ful,

mio pia - cer.   Pur di - ce - sti, o
bliss is mine.   Mouth so_ charm-ful, O

boc - ca, boc - ca bel - la, o boc - ca, boc - ca bel - la, quel   so - a - ve
tell me now, O tell me, O tell me now, O tell me Why   thy   sweet - ness

si, sì,
so, so,

cresc.

cer,
mine,

f smorz.

dim.

si, sì, che fa tut - to il mio pia - cer, il mi - o pia -
so, so, That in thee all___ bliss is mine, all bliss___ is___

cresc.

mf

dim.

il mio___ pia - cer.
all bliss is___ mine.

cer, _____ il mio pia - cer,
mine, _____ all bliss is___ mine.

p

ben cantando

Fine

mf

f

Per o - nor di sua fa - cel - la con un ba - cio A - mor t'a -
E'en thy___ charms to vow com - pel me Cu - pid___ ope'd thee with a

p sempre

f

Il mio bel foco
My joyful ardor
Recitativo ed Aria

English version by
Dr. Theodore Baker

Benedetto Marcello
(1686-1739)

Il mio bel fo-co, o lon-ta-no_o vi-ci-no ch'es-ser pos-s'i-o, sen-za can-giar mai tem-pre per voi, ca-re pu-pil-le, ar-de-rà sem-pre.

My joy-ful ar-dor, wheth-er near or far dis-tant from thee I tar-ry, Un-chang'd and con-stant ev-er, For thee, O my be-lov-ed, Shall lan-guish nev-er.

Allegretto affettuoso

Quel-la fiam-ma che m'ac - cen-de,
In my heart the flames that burn me,

quel-la fiam-ma che m'ac -
in my heart the flames that

cen-de pia-ce tan-to al-l'al-ma mi - a, pia-ce tan-to al-l'al-ma
burn me All my soul do so en - rav-ish, all my soul do so en-

mi - a, che giam-mai s'e - stin-gue - rà, s'e - stin-gue - rà, s'e - stin-gue-
rav-ish, That they ne'er shall cease to glow, shall cease to glow, shall cease to

rà,   pia-ce tan-to al-l'al - ma   mi - a   che_ giam - mai   s'e -stin-gue-
glow,   All my soul do so __ en - rav-ish, That they   ne'er   shall cease to

rà,___   s'e - stin - gue - rà,   che giam - mai   s'e - stin - gue -
glow, shall cease   to   glow,   that they ne'er   shall   cease   to___

rà,   s'e - stin-gue - rà,___   s'e - stin-gue - rà.
glow,   shall cease to glow, ___   shall cease to glow.

E   se il fa-to a voi   mi
And should fate to ye   re-

ren - de, va - ghi rai del mio bel so - le, al - tra lu - ce el - la non
turn me, Wan - d'ring rays of my fair sun,_ Oth - er light I cov - et

vuo - le nè vo - ler giam-mai po - trà, nè vo -
none,_ Nor the wish can ev - er know, nor the

cresc. poco a poco

ler_ giam-mai po - trà, nè vo - ler, nè vo - ler giam-
wish can ev - er know, nor the wish, nor the wish can_

cresc. poco a poco

mai po - trà, giam-mai po - trà,_ nè vo - ler giam-mai po -
ev - er know, can ev - er know,_ nor the_ wish can ev - er

col canto

trä.
know.

a tempo   *cresc.*

Quel-la fiam-ma che m'ac-cen-de pia-ce tan-to al-l'al-ma
In my heart the flames that burn me All my soul do so en-

mi - a, pia-ce tan-to al-l'al-ma mi - a, che giam-mai s'e-stin-gue-
rav-ish, all my soul do so en - rav-ish, That they ne'er shall cease to

rit. - - - - - - - - *mf*

rà, s'e-stin-gue - rà, s'e-stin-gue - rà, pia-ce tan-to al-l'al - ma
glow, shall cease to glow, shall cease to glow; All my soul do so en-

f rit. - - - - -   *mp*

Non posso disperar
I do not dare despond
Arietta

English version by
Dr. Theodore Baker

S. De Luca
(15... -16...)

Non pos-so di-spe - rar,—
I do not dare de - spond,

non pos-so di-spe - rar,— sei trop-po, trop-po
I do not dare de - spond, For thou art all too

ca - ra, trop-po, trop-po ca - ra, sei trop-po ca-ra al cor, non pos - so di-spe-
dear,— thou art all too dear,— too dear un-to my heart. I do— not dare de-

41573

si! m'è un dol - ce lan-gui - re, m'è un ca - ro do - lor. Non pos - so di-spe-
yes! That soothe while cre - at - ing The pain they im - part. I do not dare de-

rar,___
spond,

non pos - so di-spe - rar,___ sei trop-po, trop-po ca - ra, trop-po, trop-po
I do not dare de - spond, For thou art all too dear,___ thou art all too

ca - ra, sei trop-po ca-ra al cor; non pos - so di-spe-rar, sei trop - po ca-
dear,___ too dear un-to my heart; I do___ not dare de-spond, For thou___ art all too

ra, sei trop - po ca-ra al cor; non pos - so di - spe-rar, sei trop - po ca -
dear, too dear— un-to my heart; I do— not dare de-spond, For thou— art al too

ra,
dear,
sei trop - po, trop - po ca - - ra, ca-ra al
For thou art all too dear un-to my

cor,
heart;
Sei trop - po, trop - po ca - ra, ca-ra al
Thou art too dear, too dear un-to my

cor.
heart.

Lasciatemi morire!
No longer let me languish
Canto from the opera "Ariana"

English version by
Dr. Theodore Baker

Claudio Monteverdi
(1567-1643)

41573

Nel cor più non mi sento
Why feels my heart so dormant
Arietta

English version by
Dr. Theodore Baker

Giovanni Paisiello
(1740-1816)

mor, sei col - pa tu.
Love, the fault__ is thine!

Mi piz - zi - chi, mi stuz - zi - chi,
He teas - es me, he pinch-es me,

mi
He

pun - gi - chi, mi mas - ti - chi;
squeez-es me, he wrench-es me;

che co - sa è que - sto ahi - mè?
What tor-tures I__ must bear!

pie -
Have

tù, pie - tà, pie - tù!
done, have done, have done!

a - mo - re è un cer - to
Thou, Love, art sure - ly

che,
one

che
Will

risoluto

di - spe - rar__ mi fa.
drive me to__ de-spair!

41573

Se tu m'ami, se sospiri
If thou lov'st me
Arietta

English version by
Dr. Theodore Baker

Giovanni Battista Pergolesi
(1710-1736)

m'a - mi, se tu so - spi - ri Sol per me, gen-til_ pa - stor,
lov'st me, and sigh - est ev - er But for me, O gen-tle_ swain,

Ho do - lor de' tuoi mar-ti - ri, Ho di - let - to del tuo a - mor, Ma_ se_ pen - si
Sweet I find thy lov - ing fa - vor, Pi - ti - ful I feel thy pain. Should'st thou think tho',

sempre cresc.

del - la spi - na Do-man poi la sprez-ze - rà, Do-man poi la sprez-ze - rà.
thorns dis - cov - er 'Tis to - mor-row thrown a - way, 'Tis to - mor - row thrown a - way.

sempre cresc.

cresc. un poco

Ma de - gli u-omi-ni il con - si - glio Io per me non se-gui - rò. Non per-chè mi
All men say of maid - en - fol - ly Finds no fa - vor in mine eyes, Nor be-cause I

cresc. un poco

rit.

pia-ce il gi - glio Gli al-tri fio - ri sprez-ze - rò.
love the lil - y Shall I oth - er flow'rs de - spise.

a tempo

rit.

p

p

cresc.

Se tu m'a - mi, se tu so - spi - ri Sol per
If thou lov'st me, and sigh - est ev - er But for

p

cresc.

me, gen-til_ pa - stor,   Ho do-lor de' tuoi mar-ti-ri, Ho di-let-to
me, O gen-tle_ swain,   Sweet I find thy luv-ing fa-vor, Pi-ti-ful I

del tuo a-mor,   Ma_ se pen-si che so-let-to Io ti deb-ba ri - a-mar,
feel thy pain.   Should'st thou think tho', that de-mure-ly I_ on thee a-lone_ may smile,

Pa-sto-rel - lo,   sei sog-get-to Fa-cil-men-te a t'in-gan-nar,   Pa-sto-rel-lo,
Sim-ple shep-herd, thou art sure-ly Prone thy sens-es to be-guile,   Sim-ple shep-herd,

sci sog-get-to Fa-cil-men-te a t'in-gan-nar, Fa-cil-men-te a t'in-gan-nar.
thou art sure-ly Prone thy_ sens-es_ to be-guile, prone thy_ sens-es_ to be-guile.

Nina

Canzonetta

English version by
Dr. Theodore Baker

Attributed to
Giovanni Battista Pergolesi*
(1710-1736)

Tre gior - ni son che Ni - na, che Ni - na, che
For three long days my Ni - na, my Ni - na, my

Ni - na in lot - to se ne sta, in lot - to se ne
Ni - na up - on her bed has lain, up - on her bed has

sta. Pif - fe - ri, tim - pa - ni, com - ba - li, sve - glia - te mia Ni-
lain. Loud - er and loud - er, ye play - ers all! A - wak - en my Ni-

*Although this song was long attributed to Pergolesi, it was composed by Legrenzio Vincenzo Ciampi (1719 - ?)

41573

Già il sole dal Gange
O'er Ganges now launches
Canzonetta

English version by
Dr. Theodore Baker

Alessandro Scarlatti
(1659-1725)

Già il sole dal Gange, già il
O'er Ganges now launches, o'er

sole dal Gange più chiaro, più chiaro sfavilla, più
Ganges now launches The sun-god, the sun-god his splendor, the

chia - ro sfa - vil - la, più chia - ro, più chia - ro sfa - vil -
sun - god his splen - dor, the sun - god, the sun - god his splen -

la, e ter - ge o - gni stil - la del - l'al - ba__ che pian - ge,
dor, With touch warm and ten - der Morn's tear-drops he staunch-es,

del - l'al - ba che pian - ge, del - l'al - ba che pian - ge, del -
With touch warm and ten - der Morn's tear-drops he staunch-es, Morn's

l'al - ba che pian - ge.
tear-drops he staunch - es.

Già il so - le__ dal
O'er Gan - ges now

Gan - ge, già il so - le dal Gan - ge più chia - ro, più chia - ro sfa -
launch - es, o'er Gan - ges now launch - es The sun - god, the sun - god his

vil - la, più chia - ro sfa - vil - la, più chia - ro, più chia - ro sfa - vil -
splen - dor, the sun - god his splen - dor, the sun - god, the sun - god his splen -

rit.

la.
dor.

f a tempo

mf brillante

Col rag - gio__ do - ra - to, col rag - gio do - ra - to in -
His rays gold - en__ beam - ing, his rays gold - en beam - ing De -

78

41578

Le Violette
The Violets
Canzone

Alessandro Scarlatti
(1659-1725)

Ru-gia-do-se, o-do-ro-se, vi-o-let-te gra-zi-
Low-ly vio-let, si-lent blow-ing, Dew-y fra-grance sweet be-

o-se,   Ru-gia-do-se, o-do-ro-se, vi-o-let-te gra-zi-
stow-ing,   Low-ly vio-let, si-lent blow-ing, Dew-y fra-grance sweet be-

41573

o - se, vi - o - let - te gra - zi - o - se, Voi vi sta - te ver - go-
stow - ing, dew - y fra-grance sweet be - stow - ing: Mod-est - ly thy charms half

gno-se,
hid-ing

mez-zo a-sco - se,
'Neath the leaf-lets,

mez-zo a-sco - se fra le
'neath the leaf-lets green re-

fo - glie, e sgri-da - te
cess-es, Thy ex-am-ple

le mie vo-glie,
calms and bless-es,

che son trop-po am-bi-zi-
My am - bi - tion gent-ly

o - se,
chid-ing,

e sgri-da - te
Thy ex-am-ple

le mie vo-glie,
calms and bless-es,

che son trop - po, son trop-po_am-bi-zi-o - se.   Ru - gia-
My am - bi - tion_ gen - tly_ chid - ing.   Bear this

do - se,   o - do - ro - se,   vi - o - let-te, vi - o - let-te gra-zi- o - se,
mes-sage, ten-der flow-er,   To my fair one, to my fair one in her bow-er;

Ru - gia-do - se,   o - do-ro-se, vi-o-let-te, vi-o-let-te gra-zi- o -
Bear this message,   ten-der flower, bear this message To my fair one in her bow -

rit.   a tempo
se,   vi-o-let-te gra-zi - o - se,   Voi vi sta-te ver-go-
er,   to my fair one in her bow - er;   Say, like thee I'd come un-

41573

Ru-gia-do-se, o-do-ro-se,   vi-o-let-te, vi-o-
Bear this mes-sage, ten-der flow-er,   To my fair one, to my

p

o - do - ro - - se,   vi-o-
ten-der flow - - er,   To my

let - te gra-zi - o - se,   Ru - gia-do-se,   o - do - ro-se, vi-
fair one in_ her bow-er,   Bear this mes-sage,   ten-der flower, To my

mf   *p*

riten.

let - te,   vi-o-let-te gra-zi-o - - se,   vi-o-let-te,   vi-o-
fair one,   to my fair one in her bow - er,   Bear this mes-sage,   ten-der

riten.

tr

o -
flow - - -

let - te_ gra-zi-o - - - se!   *a tempo*   *rit.*
flow-er,_ ten-der flow - - er!

colla voce   *f*

O cessate di piagarmi
O no longer seek to pain me
Arietta

English version by
Dr. Theodore Baker

Alessandro Scarlatti
(1659-1725)

Andante con moto
La prima volta ♩. = 80
La seconda volta ♩. = 50

Voice

O ces - sa - te di pia-gar - mi,
O no long - er seek to pain me,

agitato

Piano

p sempre legato

o la-scia - te - mi mo-rir, o la-scia - te - mi mo-rir.
Or give o'er, and let me die, Or give o'er, and let me die.

p

cresc. rinf. string. poco

Lu c'in - gra - te, di - spie - ta - te, lu c'in - gra - te,
Eyes so fate - ful, so un-grate - ful, eyes so fate - ful,

cresc. rinf. string. poco

41572

Se Florindo è fedele
Should Florindo be faithful
Arietta

English version by
Dr. Theodore Baker

Alessandro Scarlatti
(1659-1725)

41572

mo - re - rò, s'è _ fe - de - le _ Flo - rin - do m'in -
fall in _ love, Should Flo - rin - do be faith - ful I'll _

cresc.

dolce
na - mo - re - rò, io m'in - na - mo - re - rò, s'è fe -
sure-ly fall in love, I'll sure-ly fall in _ love; If _ Flo -

de - le _ Flo - rin - do m'in - na - mo - re - rò,
rin - do be faith - ful I'll _ sure-ly fall in love,

rall.
m'in - na - mo - re - rò, m'in - na - mo - re - rò,
I shall fall in love, I shall fall in love, _

col canto   imitando la voce

88

io m'in - na - mo - re - rò.
I'll sure-ly, sure-ly fall in love.

Po - trà ben l'ar-co ten - de - re il fa - re -
How art - ful e'er he draw the bow, Well - vers'd in

tra-to ar - cier, ch'io mi sa-prò di - fen - de - re d'un
arch-ers' wiles, My heart I can de - fend, I know, From

guar - do lu - sin - ghier. Pre-ghi,
an - y lur - ing smiles. Sigh-ing,

41873

pian-ti e que-re-le, io non a-scol-te-rò,
weep-ing, and im-plor-ing, My breast can nev-er move:

con grazioso
ma se sa-rà fe-de-le, ma se sa-rà fe-de-le io
But if he should be faith-ful, but if he should be faith-ful I'll

m'in-na-mo-re-rò, io m'in-na-mo-re
sure-ly fall in love, I'll sure-ly fall in

rò, m'in-na-mo-re-rò, m'in-na-mo-re
love, I shall fall in love, I shall fall in

col canto imitando il canto

rin - do m'in - na - mo - re - rò, io m'in - na - mo - re -
faith - ful I'll sure-ly fall in love, I'll sure - ly fall in

rò, s'è fe - de - le Flo - rin - do m'in - na - mo - re -
love; Should Flo - rin - do be faith - ful I'll sure-ly fall in

rall.

rò, m'in-na-mo-re - rò, m'in-na-mo-re -
love, I shall fall in love, I shall fall in

col canto *imitando la voce*

p rit. assai

rò,____ io m'in - na - mo - re - rò.
love,____ I'll sure - ly, sure-ly fall in love.

p rit. assai

Pietà, Signore!
O Lord, have mercy

English version by
H. Millard

Alessandro Stradella
(1645?–1682?)

Pie - tà, Si - gno - re,   di me do - len - te!
O Lord, have mer - cy,   I call up - on thee,

Si - gnor, pie - tà,__   se a te giun - ge il mi - o pre - gar,
Lord, hear my pray'r,   Grant me Thy fa - vor, hear__ my pray'r.

21573

se a te giun-ge il mio pre-ga-re, il mio pre-gar,
Grant me Thy bless-ing, show me Thy fa-vor, hear Thou my pray'r,

Me-no se-ve-ri, cle-men-ti o gno-ra, vol-gi i sguar-di
Be wrath-ful nev-er, For-giv-ing ev-er, Shed Thy light on me,

deh vol-gi i sguar-di su me, Si-gnor, su me, Si-gnor.
shed Thy light on me, and heed my call, heed Thou my call.

Pie-tà, Si-gno-re,
O Lord, have mer-cy,

fer - no   Si - a   dan - na - to   nel fuo - co e - ter - no   Dal
di - tion   My soul may   lan - guish,   But may con - tri - tion   And

tu - o ri - gor,   Gran Di - o!   Giam-
Thy grace heal all.   Je - ho - vah,   O

ma - i   si - a   dan - na - to   nel fuo - co e - ter - no   dal
nev - er   may I   be   tor - tured by fires e - ter - nal,   for

tu - o ri - gor,   dal tuo ri - gor.
Ad - am's first fall;   may grace heal all.

Tu lo sai
Ask thy heart

English version by
Everett Helm

Giuseppe **Torelli**
(1650-1703)

Tu lo____ sai Quan-to t'a - mai,____ Tu lo____
Ask thy____ heart How I a - dore thee, Ask thy____

sai, lo sai____ cru - del!____ Io non bra - mo
heart, O cru - el and fair!____ Oth - er plea - sure

al - tra mer - cè Ma ri - cor - da - ti di me,
I do not crave Than thou think - est____ once on me,

*The following introduction may be used if desired:

E poi sprez - za un in - fe - del, e poi
Then for - get - test me and all my pain, then for -

in - fe - del.
all my pain.

sprez - - za un in - fe - del. Tu lo sai
get - - test me and all my pain. Ask thy heart

poco cresc.

Quan - to t'a - mai, Tu lo sai, lo sai cru - del,
How I a - dore thee, Ask thy heart, O cru - el and fair!

SCHIRMER'S LIBRARY
of Musical Classics

SONG COLLECTIONS

The Library Volume Number is given in brackets: [1363]

ALBUM OF SACRED SONGS. A Collection of 22 Favorite Songs suitable for use in the churches.
High [1384]; Low [1385]

ANTHOLOGY OF ITALIAN SONG OF THE 17TH AND 18TH CENTURIES. 59 Songs. i. e.
Book I [290]; Book II [291]

BEETHOVEN, L. VAN
AN DIE FERNE GELIEBTE (To the Distant Beloved) A cycle of 6 songs. Op. 98. g. e. High [616]; Low [617]
SIX SONGS. g. e. High [618]; Low [619]

BRAHMS, J.
FIFTY SELECTED SONGS. g. e. Low [1581]; High [1582]

CHOPIN, F.
SEVENTEEN POLISH SONGS. Op. 74. g. e. High [219]; Low [250]

FIELITZ, A. VON
ELILAND. A cycle of 10 songs. Op. 9. g. e. Medium [694]; High [695]

FOSTER, S. C.
ALBUM OF SONGS. 20 Favorite Compositions. Collected and edited by H. V. Milligan [1439]

FRANZ, R.
VOCAL ALBUM. 62 Songs. g. e. High [1572]; Low [1573]

GRIEG, E.
SELECTED SONGS. g. e. High [1592]; Low [1593]

LISZT, F.
TWELVE SONGS. g. or f. & e. Low [1613]; High [1614]

MENDELSSOHN, F.
SIXTEEN SELECTED SONGS. g. e. Low [1644]; High [1645]
SIXTEEN TWO-PART SONGS. g. e. [377]

SCHUBERT, F.
FIRST VOCAL ALBUM (3 Cycles, and 24 Favorite Songs). g. e. High [342]; Low [343]
THE MAID OF THE MILL (Die schöne Müllerin) A cycle of 20 songs. g. e. High [344]; Low [345]
WINTER-JOURNEY (Die Winterreise) A cycle of 24 songs. g. e. High [346]; Low [347]
TWENTY-FOUR FAVORITE SONGS. g. e. High [350]; Low [351]
SECOND VOCAL ALBUM. 82 Songs. g. e. [352]

SCHUMANN, R.
VOCAL ALBUM. 55 Songs. g. e. High [120]; Low [121]
WOMAN'S LIFE AND LOVE (Frauenliebe und -leben) A cycle of 8 songs. g. e. High [1356]; Low [1357]

TCHAIKOVSKY, P. I.
TWELVE SONGS. g. e. Low [1620]; High [1621]

WAGNER, R.
FIVE SONGS. g. e. Low [1181]; High [1233]

(Languages of texts are shown in small letters: e. = English; f. = French; g. = German;
i. = Italian. Where there is no other indication, texts are in English only.)

G. SCHIRMER   *New York / London*